Pilgrim's Journal

Pilgrim's Journal_영성일기

편집부 엮음

1판 1쇄 발행 2014. 4. 10. | **1판 6쇄 발행** 2024. 9. 26. | **발행처** 포이에마 | **발행인** 박강휘 | **등록번호** 제 300-2006-190호 | **등록일자** 2006. 10. 16. | 서울특별시 종로구 북촌로 63-3 우편번호 03052 | 마케팅부 02)3668-3260, 편집부 02)730-8648, 팩스 02)745-4827

값은 뒤표지에 있습니다. ISBN 978-89-97760-76-3 13230 | 독자의견 전화 02)730-8648 | 이메일 masterpiece@poiema.co.kr | 좋은 독자가 좋은 책을 만듭니다. | 포이에마는 독자 여러분의 의견에 항상 귀를 기울이고 있습니다.

/
영
성
일
기
/

포이에마

날마다 정해진 시간에 성경을 읽고, 그 말씀을 일상 속에서 되새김질하고,
거기서 얻어진 새로운 깨달음 혹은 충격을 기록하는 일은
본래적인 삶을 찾아가는 순례의 여정이다.

프롤로그

일상 순례자의 글쓰기

-

우리는 모두 '그 길'을 걷는 순례자

인생 여정은 '참'을 찾아가는 과정입니다. 싫든 좋든 사람은 길 위에서 살아갑니다. 길 위에 있다는 것은 늘 변화를 향해 자기를 열어놓고 산다는 뜻입니다. 자기 부정을 본질로 하는 변화는 평안과 안전을 구하는 마음과 늘 길항합니다. 변화의 계기는 외부로부터 오기도 하지만, 적극적으로 추구해야 할 가치이기도 합니다.

성경에 자주 등장하는 '떠나라'라는 단어는 길 위의 실존에 대한 암시가 아닐까요? 참을 찾아가는 이들에게 필요한 덕목은 참참이 걸어감, 곧 참음입니다. 영혼의 어둔 밤이 찾아오는 순간에도 끝끝내 가야 할 길을 잊지 않는 사람만이 그 어둠에서 벗어날 수 있으니 말입니다. 참음으로 걷는 길의 목표는 영원한 참에 이르는 것입니다. 참을 가슴에 품고 살아가는 이는 어느 순간 엄벙부렁한 자기 속이 가득 채워짐을 느끼게 됩니다. 그것은 참으로 달콤하고 가슴 벅찬 순간이지요.

'그 길'의 운명은 지금 어떠한가요? 통행인이 뜯어내 묵정밭으로 변하진 않았는지요? 한밤중에 '골짜기 문'을 나서, '용 샘'을 지나 '거름 문'에 이르기까지 예루살렘 성벽을 살펴보던 느헤미야는 성벽은 다 허물어지고, 문들도 모두 불이 탄 채 버려진 것을 보고 망연자실했습니다. '샘 문'과 '왕의 연못'에 이르렀을 때에는 더 나아갈 길이 없었습니다(느 2:11-18). 진군 나팔소리와 함께 우리에게 도래한 소비 사회의 휘황한 불빛은 우리 눈을 어지럽혀 마땅히 가야 할 길을 보지 못하게 만들고 말았습니다. 존재를 소유로 치환하는 세대에 사람들의 영혼은 더욱 납작해졌습니다. 이 시대의 느헤미야는 지금 어느 거리를 걸으며 탄식하고 있을까요? 모두가 걸어야 하는 '그 길'은 잊힌 길이 된 것은 아닌지요.

삶을 순례로 이해하는 이들의 행장은 단출해야 합니다. 어쩌면 순례란 잃어버린 '단순함'을 찾아가는 여정인지도 모릅니다. 일상 속에서 누리며 살던 모든 것을 가지고 순례를 떠날 수는 없습니다. 그렇기에 순례는 불편함과 불확실성을 받아들이는 행위입니다.

90세의 철학자 버트런드 러셀이 반핵 시위 도중 경찰에 잡혀 갔다는 소식을 들었을 때 사티시 쿠마르는 부끄러움을 느꼈다고 합니다. "아흔 살 노인도 인류를 위해 감옥에 가는데, 젊은 우리는 지금 무얼 하는 건가?" 그래서 그는 벗인 메논과 함께 핵 보유 강대국들을 순례하는 평화 행진을 하기로 작정하고는 축복을 받기 위해 큰 스승인 비노바 바베를 찾아갔습니다. 비노바 바베는 그 기특한 젊은이들에게 두 가지 무기를 선물했습니다. 첫째는 어디를 가건 채식주의를 실천하라는 것이고, 둘째는 단 한 푼도 몸에 지니지 말라는 것이었습니다. 당황하는 사티시 쿠마르에게 비노바 바베는 "항아리는 비어 있어야만 속을 채울 수 있는 법"이라며, 참된 인간관계에 돈은 장애가 될 뿐이라고 말했답니다. 순례를 하다 지쳤을 때 돈이 있다면 호텔에서 잠을 자고 멋진 식당에서 식사를 하겠지만, 돈이 없다면 어쩔 수 없이 사람들에게 다가가 도움을 요청할 수밖에 없는데, 다행히 선의를 가지고 환대하는 이들이 있다면 그들에게 비폭력과 평화에 대한 비전을 나누어주라는 것이었습니다. 인간의 선의에 대한 믿음과 어디에나 계신 하나님에 대한 신뢰가 없다면 이런 삶은 불가능하지요.

순례자가 되어 어딘가를 향해 간다는 것은 그곳에도 나와 다를 바 없는 이웃들이 있다는 사실을 확인하는 과정입니다. 우리가 경험하는 슬픔의 지층, 내밀한 욕망, 충일한 기쁨의 뿌리는 지하 깊은 곳에서 인류의 경험과 이어져 있음을 알게 될 때, 낯선 이들은 사라지고 타인들을 향한 적대감은 스러지고 맙니다.

삶을 순례로 이해하는 사람은 소유뿐만 아니라 직함과 가면과 역할도 내려놓아야 합니다. 순례 길은 사람을 겸허하게 만듭니다. 순례 길은 우리에게 정신적인 허영을 허용하지 않습니다. 그 길을 걷는 동안 순례자들은 누구나 자신의 약함에 직면하게 됩니다. 길은 그 길을 걷는 사람의 허영심을 벗겨내고, 자신이 누군가의 호의와 도움이 필요한 존재임을 절감하게 만듭니다.

순례가 주는 선물은 바로 이것입니다. 허영심을 내려놓고 자기의 약함을 받아들이게 되는 순간, 그 길에서 만난 모든 사람들은 동행이 됩니다. 더 이상 남보다 앞서야 한다는 조바심이 그를 지배하지 못합니다. 영문도 모르고 질주하

던 삶에서 벗어나 현실을 자세히 보며 삽니다. 그 순간 그는 세상에 가득 찬 은총에 눈을 뜨게 됩니다.

시간 여행자인 인간은 모두 순례자입니다. 그 순례는 자신의 본래적 실존을 회복하기 위한 것이고, 영원한 참으로 가득 참을 얻기 위함입니다. 그렇기에 그 순례의 도구는 발이 아니라 가슴입니다. 우리 스승은 말씀하셨습니다. 그 길은 좁아서 그 길을 걷는 사람들이 많지 않다고. 길, 참의 길이 우리를 부릅니다.

내가 스스로 택하여 이 세상에 온 것은 아니지만 이제 가야 할 곳은 알고 있습니다. 세상의 어디를 향해 걷든 저는 그 여정이 내 삶의 중심이신 그분을 향한 것이 되기를 소망합니다. 그 여정은 평화와 생명 섬김을 통해 단단해질 것입니다. 좋은 사람들과 만나고, 세상과 부딪치면서 우리는 길을 만들며 살고 있습니다. 내가 택한 길은 하나지만, 그 길은 다양하게 열려 있습니다. 그것은 내면일 수도, 공동체일 수도, 사회일 수도 있습니다. 기왕이면 단정하게 걷고 싶습니다. 내가 걸어온 길이 누군가에게 좋은 이정표가 될 수 있다면 좋겠습니다. 그 길이 하나님과 사람 사이를, 사람과 사람 사이를, 사람과 자연 사이를 이어줄 수 있다면 더할 나위 없겠습니다.

중세부터 전해오는 이야기는 '그 길'을 걷는 우리의 마음 자세가 어떠해야 하는지를 보여줍니다. "관광객은 요구하고, 순례자는 감사한다*Turistas manden; peregrinos agradecen.*" 당신은 어느 쪽인가요?

일상, 진검 승부의 장

일상은 조금도 특별할 것이 없는 삶의 순간이요 자리입니다. 자고, 깨고, 먹고, 입고, 일하고, 사랑하고, 때로는 다투는 것. 삶은 일상의 점철입니다. 바다에 사는 물고기가 바다를 모르듯, 일상은 우리가 거의 의식하지 않고 사는 바다와 같습니다. 하지만 물고기가 바다를 떠나 살 수 없듯, 소소한 일상을 떠난 삶은 상상할 수 없습니다. 덤덤함과 담담함이 일상의 풍경입니다. 일상은 짜릿하지 않습니다. 우리를 흥분시키지 않습니다. 그래서 주목받지 못합니다. 하지만 일상의 담백한 맛이야말로 모든 맛의 뿌리입니다. 일상으로 그리는 이야기, 그게 생인가 봅니다.

때로, 가장 비근한 일상은 우리로 하여금 멀미를 하게 합니다. 가장 가까이에 있는 이들이 지옥일 때가 많습니다. 그러나 그 비근한 일상과 복잡하게 얽혀 있는 관계망이야말로 우리를 살아가게 하는 동력이기도 합니다.

일상은 우리를 넘어뜨리는 걸림돌일 수도 있고, 앞으로 나아가게 하는 디딤돌일 수도 있습니다. 우리가 일상에서 주고받는 사소한 눈짓, 몸짓은 삶과 죽음 사이에서 명멸하는 불빛입니다. 그 불빛들이 모여 생을 이루는 것이겠지요?

일상은 때로 벗어나고 싶은 질곡으로 간주되기도 합니다. 일상은 우리 어깨에 나 있던 날개를 자르는 가위처럼 느껴지기도 하고, 우리 삶에서 빛을 앗아가는 어둠처럼 느껴지기도 합니다. 일상은 때로는 늪이 되어 앞으로 나아가려는 우리 발을 붙들기도 합니다. 사람들이 여행을 떠나는 것은 이국적인 풍경을 만나기 위해서라기보다는 일상을 벗어난 자리에서 자기를 돌아보기 위함인지도 모르겠습니다. 하지만 아무리 멀리 떨어진 곳에 가더라도 결국은 일상의 자리로 돌아오게 마련입니다. 삶이 이루어져야 할 마당은 바로 그곳이기 때문입니다. 라이너 마리아 릴케의 말을 기억합니다.

너의 일상이 초라해 보인다고 탓하지 마라.

풍요를 불러낼 만한 힘이 없는 너 자신을 탓하라.

그 힘, 풍요를 불러낼 힘이 없어 우리는 늘 투덜거리며 삽니다. 내가 오늘 세상살이의 힘겨움에 지쳐 비틀거리는 것은 내가 무엇을 해야 한다는 강박관념 때문입니다. 리듬을 타지 못하고, 리듬을 거스르려는 버릇 때문입니다. 스승께서는 "내 멍에는 편하고, 내 짐은 가볍다"고 하시면서 "내 멍에를 메고 내게 배우라"고 하시는데, 내 삶이 이렇게도 무거운 것은 불초不肖 제자인 때문입니다. 집채만 한 파도에 뛰어들어 날렵하게 보드에 몸을 싣고 파도를 타 넘는 서퍼surfer처럼 살 수는 없을까요.

서툰 가수의 노래가 귀에 거슬리고, 초보 산꾼이 돌부리에 채어 비틀거리고, 초보 서퍼가 물속에 처박히듯, 서툴기 그지없는 내 삶은 지금까지 미궁 속을 헤매고 있습니다. 서툰 내 삶에 채어 상처 입은 이들은 또 얼마나 많을까요. 그들 모두에게 용서를 구하고 싶습니다. 노래와 노래꾼이 하나이듯, 몸과 길이 하나이듯, 파도와 보드가 하나이듯, 스승과 내가 하나 되어 바람처럼 살 수 있다면….

소에 쟁기를 지워 밭을 갈다가 보물을 발견한 사람 이야기가 있습니다. 그 이야기는 일상의 삶의 자리야말로 보화가 묻힌 밭이라는 메시지를 전하고 싶었던 것은 아닐까요? 순례하듯 일상을 살아간다는 것은 여간 어려운 일이 아니지만, 바로 그 마음을 잃어 우리는 지향을 잃은 채 떠돌고 있는지도 모릅니다.

크고 의미 있는 일만이 소중한 것은 아닙니다. 작고 사소한 일일망정 마음을 담아 한다면, 그것은 영원과 우리를 이어주는 '아리아드네의 실'이 될 수 있습니다. 일상을 정성스럽게 살아내는 것이야말로 덧정 없이 떠도는 우리 마음을 지키는 닻이요 삶의 초점을 바로잡는 최고의 순례입니다.

하나님의 마음을 기준 삼아 자기 마음을 조율하는 시간

풍류와 자유로운 문필생활로 일생을 보낸 명나라 말기의 문인, 진계유의 말이 떠오릅니다. "고요히 앉아본 뒤에야 보통 때의 기운이 경박했음을 알았다. 침묵을 지킨 뒤에야 지난날의 언어가 조급했음을 알았다靜座然後知平日之氣浮, 守黙然後知平日之言躁." 고요히 앉을 줄 모르는 사람에게 성찰을 요구하는 것은 우물에서 숭늉을 구하는 것과 같습니다.

예수의 삶은 나아감과 물러섬의 통일이었습니다. 나아감만 있고 물러섬이 없다면 삶은 맹목이 되기 쉽고, 물러섬만 있고 나아감이 없다면 삶은 진부함을 면할 수 없을 것입니다. 예수께서는 해가 떠오르기 전, 가장 고요한 그 시간에 홀로 한적한 곳을 찾아가 하늘 아버지 앞에 엎드렸습니다. 그 시간은 하나님의 마음을 기준 삼아 자기 마음을 조율하는 시간이었습니다. 눅진눅진한 일상에 하늘의 빛 고요를 채우는 시간이었습니다.

현대인들은 홀로 있는 시간을 견디지 못합니다. 늘 누군가와 혹은 무엇인가와 함께 있기를 원합니다. 고독은 가장 두려운 적입니다. 부득이 홀로 있어야 하는 시간, 사람들은 책, 텔레비전, 영화를 보며 자기와의 대면을 피합니다. 휴대전화를 통해 누군가와 연결을 시도하기도 합니다. 하지만 모든 관계는 피상적이고 파편적이고 잠정적입니다.

신학자 폴 틸리히는 외로움과 고독을 구분합니다. '외로움'은 모든 것들로부터 단절되는 데서 오는 '홀로 있음의 고통'입니다. 반면 '고독'은 내 존재의 근원과 하나 됨의 희열을 누리는 '홀로 있음의 영광'입니다. 외로움에 사무치는 이들은 많지만 고독이야말로 외로움의 치유제라는 사실을 아는 이는 드뭅니다. 하나님의 현존 앞에 고요히 앉아 있는 성 안토니우스, 성 프란체스코, 막달라 마리아를 묘사한 그림을 봅니다. 홀로 앉음을 통해 그들은 영원한 고향 집에 당도했습니다.

한국 교회의 영적 건강을 진단하는 자리에 설 때마다 저는 '성찰 없는 신앙'의 문제를 지적하곤 합니다. 성찰은 타자라는 거울을 통해 나를 돌이켜보는 것일 겁니다. 그 타자란 사람일 수도 있고, 성경일 수도 있고, 사건일 수도 있겠지요. 중요한 것은 돌이켜反 봄省입니다. 돌이켜 봄이란 결국 타자를 향한 열림이고, 타자의 눈을 통해 나를 보려는 노력일 겁니다.

신학교에 다닐 때 신앙은 '지성의 희생'이 아니라고 배웠지만, 현실은 그런 것 같지 않습니다. 지성인들조차 신앙적 문제 앞에서는 성찰적 거리를 포기해버리는 경우를 저는 많이 보았습니다. '불합리하기에 믿는다'는 테르툴리아누스의 말을 사람들은 쉽게 전유해버리곤 합니다. 삶이 곤고하기 때문일까요? 대개 사람들은 질문 앞에 세워지기보다는 손쉬운 답을 원합니다. 하지만 신앙의 진리는 변증법적인 삶의 과정을 거치면서 확인되는 것이 아닐까요?

'홀로 있음'은 '성찰적 거리'를 확보한다는 의미일 것이고, 그 성찰적 거리는 주체를 구성하는 필수 요소입니다. 주체의 소멸은 곧 의미의 소멸이기도 합니다. 그래서 도스토옙스키는 인간에게 내릴 수 있는 가장 참혹한 형벌은 '아주 전적으로 쓸모없고 무의미한 성격의 노동을 시키는 것'이라고 말한 바

있습니다. 인간은 '의미 없음'을 견딜 수 없기 때문이지요. 우리 영혼에 드리운 어둠을 조금씩 내몰 수 있는 힘을 공급하는 치열한 자기 비움과 자기 성찰은 글쓰기를 통해 큰 도움을 받을 수 있습니다.

낯익은 일상을 낯설게 바라보기

글쓰기는 전문가들만의 배타적 영역이 아닙니다. 전화를 받으며 하는 메모부터, 시장에 갈 때 구입할 물품 목록을 작성하는 일, 누군가와 만난 후 그와의 대화를 적바림해두는 일, SNS상에 자신의 근황을 적는 일, 일기를 쓰는 일이 모두 글쓰기에 해당하기 때문입니다. 그러니까 글을 쓰지 않는 사람은 거의 없다고 말할 수 있습니다. 글을 쓴다는 것은 자기 생각을 기록하는 것이기도 하지만, 망각에 저항하기 위한 것이기도 합니다. 그러나 그보다 더 중요한 것은 잡다한 경험을 자기의 과거 경험이나 인식과 잘 버무려 새로운 의미를 발견하는 것입니다.

글을 쓰는 이들이 흔히 겪는 일이 있습니다. 대개는 글의 얼개를 정해두고 쓰지만 쓰는 과정 속에서 방향이 굴절되곤 합니다. 어쩌면 그것이 글의 운명인지도 모르겠습니다. 가끔 글이 뜻하지 않은 방향으로 나를 이끌어가 당황할 때도 있습니다. 그럴 때면 마치 토끼에 이끌려 '이상한 나라'에 들어갔던 앨리스처럼 호기심 가득한 마음으로 글이 나를 이끄는 곳으로 가곤 합니다. 글을 처음 구상할 때 미처 살피지 못했던 세계가 나를 부르는 것일 테니까요. 글을 쓰다가 '길을 잃는 즐거움'이야말로 글 쓰는 이들의 내밀한 즐거움인지도 모르겠습니다.

글을 잘 쓰기 위해서는 다양한 도구를 준비해야 합니다. 제일 중요한 것은 자기의 낯익은 일상을 낯설게 볼 수 있는 눈입니다. 낯익은 세계는 우리에게 어떤 인식의 충동도 불러일으키지 않습니다. 사람은 너무나 쉽게 현실에 적응하곤 합니다. 외국에 나가보면 모든 것이 새롭게 보입니다. 눈을 휘둥그레 뜨고 하나도 놓치지 않으려고 집중합니다. 그러나 며칠 지나지 않아 그 세계에도 익숙해집니다. 익숙해지는 순간 세계는 낡아버리고 맙니다. 굳이 외국에 나가지 않더라도 우리 삶의 자리를 낯설게 볼 수 있을 때 새로운 이야깃거리가 탄생합니다.

그 이야기 혹은 새로운 인식을 제대로 드러내기 위해서는 적절한 어휘를 찾아야 합니다. 우리가 일상 속에서 사용하는 단어는 매우 제한되어 있습니다. 눈에 보이지는 않지만 그 제한된 단어는 우리의 인식 세계를 두르고 있는 울타리입니다. 우리는 자기가 사용하는 단어로 구성된 울타리 너머의 세계를 보기 어렵습니다. 그 세계를 보려면 새로운 단어와 접해야 합니다. 각각의 단어는 새로운 세계를 보여주는 창이 됩니다.

낯설게 보는 능력도 생기고, 어휘도 늘어났으면 이제 다음 단계로 가야 합니다. 그것은 서로 무관해 보이는 것들을 연결 짓는 능력인 상상력을 발휘하는 것입니다. 낯선 이미지와 사건들이 충돌할 때 어떤 형태로든 의미가 발생합니다. 어떤 학자는 예수께서 들려주신 비유를 해설하면서 비유를 '세상 다시 상상하기'라는 말로 요약한 적이 있습니다. 예수는 일상적이고 친숙한 현실을 통해서 하나님나라라는 새로운 세계를 바라보도록 했습니다. 놀라운 상상력입니다. 돈이 주인 노릇하는 세상이 우리에게서 빼앗아가는 것은 '다른 삶을 상상하는 능력'입니다. 현실을 구성하는 방식이 다양할 수 있다는 사실을 사람들이 깨닫는 순간, 자본주의의 환상이 깨질 수 있기 때문입니다. 그런 의미에서 글을 쓴다는 것은 어쩌면 지배에서 벗어나기 위한 몸부림인지도 모르겠습니다. 외부세계가 우리에게 일방적으로 부과하는 삶을 향해 '아니오'라고 말하며, 자기 삶의 주체로 살아갈 수 있다면 삶의 비애는 줄어들 것입니다.

날마다 정해진 시간에 성경을 읽고, 그 말씀을 일상 속에서 되새김질하고, 거기서 얻어진 새로운 깨달음 혹은 충격을 기록하는 일은 본래적인 삶을 찾아가는 순례의 여정이라 할 수 있습니다.

김기석
청파교회 담임목사

포이에마
영성일기

Pilgrim's
Journal

— 사용법 —

- 길게 쓰려고 노력하지 않습니다. 하루 반 페이지만 쓰기로 마음먹고 가벼운 마음으로 시작합니다.
- 오늘 성경을 읽고 묵상한 내용을 간략하게 기록하는 것도 좋습니다. 따로 성경읽기 계획이 없다면, 맨 뒤에 수록한 〈맥체인 성경읽기표〉에 따라 읽는 것을 추천합니다. 존 스토트 목사님은 평생을 매일같이 이 성경읽기 스케줄에 따라 성경을 읽고 묵상했던 것으로 유명합니다. 이 표에 따라 하루에 성경을 넉 장씩 읽으면 1년 동안 구약을 한 번, 신약을 두 번 읽을 수 있습니다. 성경을 취향이나 기분에 따라 편식하며 읽는 것을 방지하며, 성경을 전체적으로 조망할 수 있게 해 줍니다. 하나님이 누구이시며 나는 누구인지를 곰곰이 생각해봅니다.
- 하나님께서 오늘 나와 이웃에게 주신 은혜를 생각하고, 감사할 내용을 적어보는 것도 좋습니다. 순례자의 감사제목이라고 해두지요.
- 나만이 아는 은밀한 죄와, 해소해야 할 찌꺼기 같은 감정도 솔직하게 써봅니다. (다른 사람은 보아도 알 수 없도록, 자신만이 아는 약어를 사용하는 것도 좋습니다.)
- 이 모든 것을 두고 기도합니다.
- 설령 어제 빼먹었더라도, 괜찮습니다. 건너뛰고 오늘의 일기를 쓰면 됩니다.

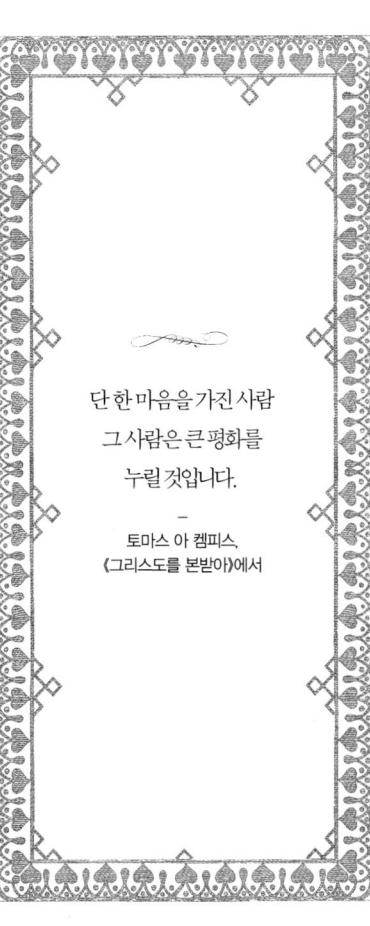

단 한 마음을 가진 사람
그 사람은 큰 평화를
누릴 것입니다.

—
토마스 아 켐피스,
《그리스도를 본받아》에서

영성생활이란 무슨 특별한 생각이나 관념, 또는 느낌을 가리키는 게 아니라 일상생활에서 부닥치는 가장 평범하고 통상적인 체험의 일부일 따름이다.

_ 헨리 나우웬, 《제네시 일기》

하나님을 섬기는 겸손한 농부가 천체의 경로를 알려고 애쓰는 교만한 철학자보다 낫습니다. 자신을 잘 아는 사람은 스스로를 낮게 여기며 사람의 칭찬을 기뻐하지 않습니다.

_ 토마스 아 켐피스, 《그리스도를 본받아》

당신을 찬양할 때에 우리 안에는 당신이 일깨워주시는 기쁨이 일어납니다. 당신께서는 우리를 당신을 향하여 있도록 지으셨기에 우리의 마음은 당신 안에서 안식할 때까지 쉴 수 없습니다.

_ 아우구스티누스, 《고백록》

가장 유익한 독서는 자신을 잘 알고 헤아려보는 것입니다.

_ 토마스 아 켐피스, 《그리스도를 본받아》

내가 당신께 누구이기에 당신은 나의 사랑을 요구하시며 나의 사랑을 받지 못하시면 화를 내고 재앙으로 나를 위협하기까지 하십니까?

_ 아우구스티누스, 《고백록》

우리는 모두 연약합니다. 하지만 그대는 자신보다 더 연약한 사람은 없다는 생각을 굳게 지켜내야 합니다.

_ 토마스 아 켐피스, 《그리스도를 본받아》

하나님, 모든 선한 것이 당신으로부터 나옵니다. 내 안에 있는 온전한 모든 것은 당신에게서 온 것입니다. 내 안과 밖에 있는 모든 선한 것이 당신의 선물임을 나는 어릴 적부터 알았습니다. 모든 좋은 선물은 당신이 어떤 분이신지를 선포합니다.

_ 아우구스티누스, 《고백록》

은혜 안에서 인내하고 또 성장하고 싶다면, 당신 스스로를 이 땅을 지나가는 나그네요 순례자로 여기십시오. 신앙생활을 영위하고 싶다면, 그리스도를 위해 이 세상에서 바보 취급 받는 것을 만족스럽게 생각해야 합니다.

_ 토마스 아 켐피스, 《그리스도를 본받아》

또한 당신의 날은 결코 끝나지 않기에, 당신의 모든 시간은 한 날, 곧 '오늘'입니다. 당신의 '오늘'로부터 우리와 우리 아버지들의 장구한 날들이 나왔습니다. 우리의 매 순간은 당신의 현존으로 측정되고 만들어집니다. 수많은 순간이 흘러갈 것이나, 매 순간마다 당신이 지으신 흔적을 간직할 것입니다.

_ 아우구스티누스, 《고백록》

홀로 있을 만한 시간을 찾아서 하나님의 인자하심을 자주 묵상하십시오. 쓸데없이 이상한 글들을 뒤적이지 말고, 머리를 써야 하는 글보다 양심을 자극하는 글을 읽으십시오.

_ 토마스 아 켐피스, 《그리스도를 본받아》

나는 사랑이라는 상념을 사랑했을 뿐, 실제로 사랑을 한 것은 아니었습니다. 나는 깊디깊은 욕망에 빠져서 내가 더는 사랑할 수 없으리라는 사실에 견딜 수 없어 했습니다. 사랑을 사랑했던 나는 사랑할 만한 것을 찾아 헤맸습니다. 나는 안전한 길을 싫어했으며 덫이 놓인 길이 아니면 찾으려 하지 않았습니다.

_ 아우구스티누스, 《고백록》

쓸데없는 잡담, 게으른 발걸음, 새로운 소식들과 소문을 멀리하면, 선한 것을 묵상하는 데 필요한 시간을 충분히 얻을 수 있을 것입니다.

_ 토마스 아 켐피스, 《그리스도를 본받아》

성경의 언어는 낮은 자들의 마음에 아주 쉽게 다가갑니다. 배울 대로 배운 나로서는 작아지는 것을 견딜 수 없었습니다. 부푼 내 머리는 위대한 것만을 찾았습니다.

_ 아우구스티누스, 《고백록》

마음의 가책을 느끼십시오. 그리하면 깊은 신앙심을 얻게 될 것입니다. 마음의 가책은 선한 길로 인도하지만, 방종은 선을 파괴합니다.

_ 토마스 아 켐피스, 《그리스도를 본받아》

나는 이리저리 부는 바람, 당신에게로는 돌아가지 않는 바람이었습니다. 당신 안에서 혹은 내 삶 안에서 실체를 갖지 못한 채 환영만을 따라 이리저리 방황하였습니다. 나는 실체 없이 사고만 했습니다. 내 꿈은 당신의 진리에 뿌리를 두지 않았습니다. 주목받고자 하는 내 열망의 산물, 고작 물질적인 현실의 관찰로 이뤄진 것이 바로 내 꿈이었습니다.

_ 아우구스티누스, **《고백록》**

당신의 내면에 그리스도를 위한 훌륭한 거처를 마련하면, 그분이 친히 오셔서 위로해주실 것입니다. 그분의 모든 영광과 아름다움은 내면에 있으며, 거기에 그분의 기쁨도 있습니다. 그분은 속사람을 자주 찾아오시고, 달콤한 대화, 즐거운 위로, 큰 평화를 나누십니다.

_ 토마스 아 켐피스, 《그리스도를 본받아》

다른 이들에게는 빠져나올 수 없는 올무였던 이 사람 파우스투스가, 내가 사로잡혀 있던 오류에서 나를 알게 모르게 풀어주는 일이 이렇게 일어나게 된 것입니다. 아 하나님, 당신의 손이 신비한 일을 섭리하신 것입니다. 당신은 내 영혼을 잊지 않으셨습니다. 내 어머니의 피가, 밤낮으로 흘리는 눈물을 타고 나를 위한 희생제물로 당신 앞에 부어진 것입니다.

_ 아우구스티누스, **《고백록》**

이곳은 그대가 안식할 장소가 아닌데, 왜 이곳저곳을 기웃거립니까? 그대의 본향은 하늘에 있으므로, 이 땅의 모든 것은 그저 스쳐지나가는 것으로 보아야 합니다.

_ 토마스 아 켐피스, 《그리스도를 본받아》

> 그때까지도 나는 죄를 짓는 주체는 우리 개인이 아니라고 믿었습니다. 훨씬 더 외부적인 악의 힘이 우리 안에서 죄를 짓게 한다고 믿고 싶었습니다. 그렇게 해야 내 자존심이 만족되었기 때문입니다. 그래야 내 책임이 없어지기 때문입니다.
>
> _ 아우구스티누스, 《고백록》

겸손한 사람은 책망을 받을 때에도 평안을 잃지 않습니다.

_ 토마스 아 켐피스, 《그리스도를 본받아》

자비를 베풀지 않으면서도 칭찬 받는 삶을 사는 자에게 화가 있기를 원합니다! 당신은 우리의 삶을 살펴보십니다. 그러나 죄를 물으시면서도 당신은 자비로우십니다. 그래서 우리는 당신 안에서 거할 곳을 찾으리라는 담대한 소망을 품습니다. 그러나 당신 앞에서 자신의 공로를 내세우는 자는 당신이 그에게 선물로 주신 것을 하나도 얻지 못할 것입니다.

_ 아우구스티누스, 《고백록》

평화를 누리는 사람은 아무도 의심하지 않습니다.

_ 토마스 아 켐피스, 《그리스도를 본받아》

나 당신을 너무 늦게 사랑하였습니다. 당신은 안에 계셨는데, 나는 밖에서 떠돌며 당신을 찾았습니다. … 당신은 나와 함께하셨지만, 나는 당신과 함께하지 않았습니다. 물질의 세계에 가려 당신을 발견하지 못했습니다. 당신 안에 있지 않고서는 물질조차 존재하지 않는데 말입니다. 당신은 귀먹은 나를 소리쳐 부르셨습니다. 눈먼 내게 빛을 비춰 내 어둠을 내쫓으셨습니다. 취할 것 같은 향기를 내게 불어넣으셨습니다. 마침내 나는 당신의 향내를 맡고 갈망하게 되었습니다. 맛을 보고서야 나의 주림과 목마름을 알게 되었습니다.

_ 아우구스티누스, 《고백록》

이 비참한 인생을 사는 동안 우리가 누리는 평화는, 역경을 경험하지 않는 데서 오는 것이기보다는 겸허하게 고난을 겪는 데서 옵니다. 고난을 겪는 법을 가장 잘 아는 사람이 평화를 가장 잘 지킬 것입니다.

_ 토마스 아 켐피스, 《그리스도를 본받아》

내 마음이 주님과 하나 되는 것이
내 평생의 소원입니다.
　_ 토마스 아 켐피스, 《그리스도를 본받아》

사람들이 이단적인 지식에 탐닉하는 이유도 바로 이 괴상한 지식욕 때문입니다. 사람들은 종교에서도 같은 경험을 하기 원합니다. 자신들이 요구하는 표적과 이적을 내놓으라고 하나님을 시험하는 이유도 여기 있습니다. 마법적 힘의 경험이 선하고 좋아서 구하는 것이 아닙니다. 단지 한번 써보고 싶은 욕망 때문입니다.

_ 아우구스티누스, 《고백록》

누군가의 마음이 그대에게 쏟아지기를 기대하지도 말고, 그대의 마음을 누군가에게 쏟으려 하지도 마십시오.

_ 토마스 아 켐피스, 《그리스도를 본받아》

이 모든 사람이 주의 도움, 위로의 능력, 위험으로부터의 보호, 고통에서의 해방을 얻게 하소서. 그리하여 그 모든 악으로부터 해방되어 주님께 풍성한 감사를 돌리게 하소서.

_ 토마스 아 켐피스, 《그리스도를 본받아》

하나님이 사람에게 주신 선물로 인해서 기쁨을 얻은 사람이 있습니다. 그런가 하면 하나님이 주신 선물이 아니라 사람의 선물을 더 기뻐하는 사람들도 있습니다. 오 주님, 우리는 날마다 이러한 유혹에 공격을 받습니다. 쉴 새 없이 공격당합니다. 다른 사람들의 칭찬을 받고 싶어 매일 안달합니다. 당신은 이 점에서도 우리에게 정결하라 명하십니다. 명하신 것을 우리에게 주시고, 당신 원하시는 것을 우리에게 명해주소서.

_ 아우구스티누스, 《고백록》

위로가 그대에게서 떠난다 해도 절망에 빠지지 마십시오. 오히려 겸손하고 인내하는 자세로 위에서 오는 은혜를 기다리십시오.

_ 토마스 아 켐피스, 《그리스도를 본받아》

주님, 당신이 만물을 창조하셨습니다. 그것들이 아름다운 것은 당신이 아름답기 때문이고, 그것들이 선한 것은 당신이 선하시기 때문입니다. 당신이 계시므로 그것들도 있습니다.

_ 아우구스티누스, 《고백록》

그대는 수고하기 위해 태어난 것인데 왜 쉬려고 합니까? 위로받기보다는 안내할 것을, 기쁨을 얻기보다는 십자가를 질 것을 늘 생각하십시오.

_ 토마스 아 켐피스, 《그리스도를 본받아》

하나님의 은혜가 제대로 역사하면, 때 묻은 본성과 불신을 자각하게 되면서 스스로 죄인이라는 뼈아픈 의식이 생깁니다. 예수 그리스도를 믿고 하나님의 손에서 자비를 찾지 못하면 지옥에 갈 수밖에 없다는 사실을 깨우치는 거죠. 마음속에 이처럼 새로운 깨달음이 자리 잡으면 곧 죄에 대한 아픔과 부끄러움이 밀려오지만 그게 끝은 아닙니다. 곧이어 세상을 구하러 오신 구세주를 분명하게 의식하고 그분께 매달려 생명을 얻어야 한다는 절대적인 필요성을 감지하기에 이릅니다.

_ 존 버니언, 《천로역정》

예수님을 사랑하고 그분을 종신토록 섬기고자 하면, 계속해서 고난을 받게 될 것입니다.

_ 토마스 아 켐피스, 《그리스도를 본받아》

정욕은 뭐든지 지금, 늦어도 올해 안에 갖고 싶어 한다오. 쉽게 말해서 세상에 사로잡혀 사는 친구들은 바라는 일들이 당장 바로 여기서 이뤄지길 바라고 다음 세상에서 누릴 몫으로 남겨둘 줄은 모르는 걸세. 장차 다가올 세상에서 큰 축복을 누리게 된다는 하나님의 말씀보다 '덤불 속의 새 두 마리보다 손에 쥔 한 마리가 더 낫다'는 속담을 더 떠받드는 꼴이지. 하지만 그대가 본 것처럼 정욕은 수중에 넣은 보물들을 금세 탕진해버리고 넝마쪼가리만 붙들고 있게 된다네. 비슷한 성품을 가진 이들은 이 세상이 끝나는 날 너나 없이 그런 꼴이 되고 말 거야.

_ 존 버니언, 《천로역정》

내 사랑의 폭을 넓혀주십시오. 높은 곳에 계신 당신을 따르게 해주십시오.

_ 토마스 아 켐피스, 《그리스도를 본받아》

겸손한 자들아, 기뻐하라. 가난한 자들아, 기쁨으로 충만하여라. 너희가 진리를 따라 행하기만 하면, 하나님의 나라가 너희의 것이기 때문이다.

_ 토마스 아 켐피스, 《그리스도를 본받아》

수치심이란 놈은 생각할수록 대담한 불한당이었습니다. 악착같이 쫓아다니며 '신앙생활을 하는 건 정말 미욱한 짓'이라고 이런저런 말로 귓가에 속삭여대는 통에 좀처럼 곁에서 몰아낼 수가 없었어요. 결국 '네놈이 우습게 보는 것들이야말로 내가 가장 영광스럽게 여기는 것이니 아무리 설득하려고 발버둥을 쳐봐야 소용없다'고 호통을 쳤습니다. 그제야 그 불쾌한 녀석이 떨어져 나가더군요.

_존 버니언, 《천로역정》

순종에서 멀어지려고 애쓰는 사람은 은혜로부터 멀어지게 된다.

_ 토마스 아 켐피스, 《그리스도를 본받아》

무엇보다도 마음을 살펴서 틈틈이 유혹의 손길을 내미는 정욕을 물리치십시오. 만물보다 더 거짓되고 아주 썩은 것은 사람의 마음이기 때문입니다. 얼굴을 부싯돌처럼 굳게 하십시오. 하늘과 땅의 권세가 모두 여러분들 쪽에 있습니다.

_ 존 버니언, 《천로역정》

나에게 아첨하는 자를 현명하게 피하고, 나를 반대하는 자를 견딜 수 있게 허락하소서. 이런저런 말에 흔들리지 않고 악의에 찬 유혹의 소리에 귀를 기울이지 않는 것은 크나큰 지혜이기 때문입니다.

_ 토마스 아 켐피스, 《그리스도를 본받아》

가던 길을 벗어나고 나서야 알았네,
들어가지 말아야 할 곳을 딛는다는 게 무얼 의미하는지.
뒤를 따라오는 이들이여 조심하라,
우리처럼 무심코 실수를 저지르지 않도록.
함부로 들어갔다 원수의 포로가 되지 않도록.
그의 성은 회의, 놈의 이름은 절망.

_ 존 버니언, 《천로역정》

모든 것을 얻기 위해 모든 것을 주라. 아무것도 구하지 말고, 보답으로 아무것도 요구하지 마라. 순전한 마음으로 그저 나를 굳게 믿으며 살아라.

_ 토마스 아 켐피스, 《그리스도를 본받아》

제대로 된 두려움은 죄를 자각하고 구원을 염원하게 한다.

_ 존 버니언, 《천로역정》

내 아들아, 누군가 너를 나쁘게 생각해 듣기 싫은 말을 하더라도 그것을 마음에 두지 마라. 너는 네 자신을 가장 나쁘게 평가해야 하고, 너보다 약한 사람은 없다고 생각해야 마땅하다. 네가 영적인 삶을 살고 있다면 항간에 떠도는 말에 그리 신경 쓰지 않을 것이다. 악한 때에 침묵을 지키고, 마음속으로 나를 바라보며, 사람들의 평가에 흔들리지 않는 지혜는 결코 작지 않다. 너는 사람들의 말에 흔들리지 마라. 그들이 좋게 말하든지 나쁘게 말하든지, 그로 인해 네가 다른 사람이 되는 것은 아니기 때문이다. 어디에 참된 평화와 참된 영광이 있느냐? 그런 것은 내 안에 있지 않느냐?

_ 토마스 아 켐피스, 《그리스도를 본받아》

세상에 애착을 조금도 가지지 않은 사람은 죽는 순간 얼마나 큰 확신을 품겠는가!

_ 토마스 아 켐피스, 《그리스도를 본받아》

바른 두려움이 유익한 선물이 될 수 있다는 데는 의심의 여지가 없지.

_ 존 버니언, 《천로역정》

오, 자비로운 예수님, 내가 서서 주님을 뵈올 날이 언제입니까? 내가 주님 나라의 영광을 묵상할 날이 언제입니까? 주님이 나의 전부가 되실 날이 언제입니까?

_ 토마스 아 켐피스, 《그리스도를 본받아》

성문으로 다가가자 수많은 하늘나라 백성들이 마중을 나왔다. 순례자들과 동행했던 천사들이 무리를 향해 말했다. "세상에 사는 동안 주님을 사랑했으며 그 거룩한 이름을 위해 모든 걸 버린 이들입니다."

_ 존 버니언, 《천로역정》

너만의 은밀한 장소를 택하고, 홀로 있기를 좋아하며, 누구와도 대화하지 말고, 오직 하나님께 네 마음을 쏟아놓음으로써 회개하는 심령과 순결한 양심을 간직하도록 하여라.

_ 토마스 아 켐피스, 《그리스도를 본받아》

분주함은 영성의 적입니다. 그것은 본질적으로 게으름입니다. 어려운 일 대신에 쉬운 일을 하는 것이죠. 하나님의 활동에 주의를 기울이는 대신, 우리 자신의 활동으로 시간을 채우는 것이죠. 그것은 내가 책임을 떠맡는 일입니다.

_ 유진 피터슨, 《거룩한 그루터기》

"모든 사람에게 마음을 열지 말고, 지혜로운 자 곧 하나님을 경외하는 사람과 문제를 의논하십시오"(전 8:12). 부자에게 아첨하지 말고, 유명인사 앞에 나타나려고 애쓰지 마십시오.

_ 토마스 아 켐피스, 《그리스도를 본받아》

그리스도인의 삶이란 우리가 가진 능력이나 지식, 미덕이나 에너지가 커진다고 해서 진보하지 않는다. 우리가 전문적인 기술을 터득한다고 해서 신앙생활이 나아지지 않는다. 날마다 그리고 하루에도 몇 번씩, 우리는 "하나님이 말씀하셨다"라는 원점으로 되돌아가야 한다. 우리는 끊임없이 "출발점으로 되돌아가서 언제나 새롭게 시작"해야 한다. 우리는 만년 초보와 같다. 우리는 언제나 다시 시작한다. 우리는 다음과 같은 예수의 음성을 듣는다. "너희가 돌이켜 어린아이들과 같이 되지 아니하면 결단코 천국에 들어가지 못하리라" (마 18:3). 그래서 우리는 어린아이들처럼 되어야 한다. … 원점으로 되돌아가 경배하고 또 경청해야 한다.

_ 유진 피터슨, 《거룩한 그루터기》

나는 십자가를 받았습니다. 주님의 손으로부터 그것을 받았습니다. 십자가를 지고, 주께서 내게 주신 대로 그것을 죽기까지 지고 갈 것입니다.

_ 토마스 아 켐피스, 《그리스도를 본받아》

> 그리스도인의 삶의 특징은 우리가 하나님을 위해 하는 일이 아니라 하나님이 우리를 위해 하시는 일에 있다. 그리스도인의 삶의 특징은 우리가 하나님에 관해 하는 말이 아니라 하나님이 우리에게 하시는 말씀에 있다.
>
> _ 유진 피터슨, 《거룩한 그루터기》

그리스도가 있으면 그대는 풍족하고 부유한 사람입니다.

_ 토마스 아 켐피스, 《그리스도를 본받아》

1974년 6월 18일

…사막 교부들의 글에는 자기를 부인하고 초연한 삶을 살라고 강조하는 대목이 수없이 등장한다. 세상을 포기하고 재물, 가족, 친구, 욕구 등 자기만족적인 요소 일체에서 벗어남으로써 주님을 향해 더 자유로워진 생각과 감정을 가져야 한다는 것이다. 체감하기가 참으로 어려운 일이라는 생각이 든다. 마음을 어지럽히는 일들을 끊임없이 곱씹으며 회의했다. '과연 하나님을 위해 마음을 깨끗이 비울 수 있을까?' 어제와 오늘, 이틀 동안은 모든 사고와 관념, 계획, 설계, 걱정, 근심 따위를 밀어내는 대신 도리어 끌어안고 기도하는 것도 괜찮겠다는 생각이 들었다. 오직 하나님께만 눈길을 두려고 애쓸 게 아니라 애착을 품고 있는 대상들에도 주의를 기울여서 그 모두를 이끌고 주님의 한없이 넓은 품에 안기자는 것이다. 내면에 이런 관념이 자리 잡기 시작하면서 새로운 자유를 경험했으며, 사랑하는 이들을 초대해서 하나님이 친히 어루만져주시길 기도할 수 있을 만큼 널찍한 공간이 생기는 걸 느낄 수 있었다.

_ 헨리 나우웬, 《제네시 일기》

원장은 말했다. "고독이 없다면 진실한 사람도 존재할 수 없습니다. 인간의 본질을 파악할수록, 그리고 풍성하며 생산적이며 성장과 발전의 원천이 되는 데 필요한 인간관계를 경험할수록 스스로 혼자라는 점을, 고독의 수준이 곧 교제 능력의 깊이라는 사실을 절감하게 됩니다. 각자를 향한 하나님의 초월적인 부르심을 얼마나 선명하게 의식하느냐에 따라 다른 이들과 친밀한 교제를 나눌 수 있는 능력이 달라집니다."

_ 헨리 나우웬, 《제네시 일기》

지난 몇 주 동안 적은 일기를 살펴보면서, 하나님의 임재에서 오는 즐거움, 수도원의 침묵과 고요, 수도사들의 사랑, 자연의 아름다움 따위에 대한 기록과 아프리카와 인도의 기근, 칠레와 브라질과 베트남에서 자행되는 고문, 곳곳에서 진행 중인 전쟁들, 세상에 만연된 비참한 현실 등에 대한 기록이 또렷하게 대비되고 있음을 확실히 볼 수 있었다. 마치 전혀 다른 삶을 경험하고 생판 다른 이야기에 귀를 기울이는 두 인격이 내 안에 존재하는 것 같았다. 어떻게 그 둘이 부대끼지 않고 평화롭게 공존할 수 있는지 부쩍 의심스러워지기 시작했다.

_ 헨리 나우웬, 《제네시 일기》

이처럼 똑같은 가운데 독특한 점을 발견하게 된다는 사실이야말로 하나님의 사랑이 가진 신비한 측면이다. 그 독특성은 인간이 꺼내놓을 수 있는 '특이성'과는 아무 상관이 없으며, 오직 하나님과 나누는 지극히 인격적이고 친밀한 관계와 밀접한 연관이 있을 따름이다.

_ 헨리 나우웬, 《제네시 일기》

하나님은 평화롭고 조용한 곳뿐만 아니라 박해와 다툼, 분열과 갈등이 지배하는 자리에도 계신다.

_ 헨리 나우웬, 《제네시 일기》

그리고 아직도 내 마음은 얼마나 갈래갈래 갈라져 있는가! 하나님을 사랑하고 싶지만 동시에 출세하길 원한다. 훌륭한 크리스천이 되길 바라지만 아울러 교육자로, 설교자로, 강사로 성공하길 소원한다. 성자가 되길 기대하지만 자극적인 죄인의 생활도 즐기고 싶어 한다. 그리스도를 닮아가길 소망하지만 인기와 대중의 사랑도 놓치고 싶지 않다. 그러니 사는 게 얼마나 고달프겠는가! 키르케고르는 성자의 특징을 '한 가지만 바라는 것'이라고 규정했다. 그런데 난 한 가지 이상을 원하며, 두 마음을 품고, 여러 주인을 섬긴다.

_ 헨리 나우웬, 《제네시 일기》

스테인드글라스의 아름다움을 즐기려면… 안으로 들어가야 한다. 마찬가지로 기도의 의미를 깨치려면 기도하는 이들의 세계 안으로 기꺼이 들어가 그 속에서 기도의 권능과 미덕을 찾아야 한다.

_ 헨리 나우웬, 《제네시 일기》

편지쓰기가 중요한 사역 형식이라는 언급이나 글이 없다는 건 참으로 놀라운 일이다. 잘 쓴 편지 한 장은 고통에 **빠진** 이의 하루를 바꿀 수도 있고, 억울한 감정을 몰아낼 수도 있고, 미소를 끌어낼 수도 있으며, 마음에 기쁨을 심어줄 수도 있다. 무엇보다 신약성경의 상당 부분은 서신으로 구성되어 있으며 가장 심오한 통찰 가운데 일부는 개인적인 애정으로 서로 깊이 교감하는 이들 사이에 오간 편지에 수록되어 있는 경우가 적지 않았다. 특히 복음을 전하고 싶어 하는 이들에게 편지쓰기는 대단히 중요한 기술이다.

_ 헨리 나우웬, 《제네시 일기》

하나님을 향한 두려움은 그분의 자비와 대치되는 개념이 아니다. 따라서 주님과 나누는 친밀한 관계를 설명하면서 두려움과 소망, 공의와 자비 같은 말들을 사용할 때는 그 의미를 다시 정의하고 이해할 필요가 있다.

_ 헨리 나우웬, 《제네시 일기》

한 송이 꽃에서 아름다움의 세계 전체를 엿볼 수 있는 것처럼, 아주 짧은 순간에도 하나님의 그 큰 은혜를 깊이 맛볼 수 있다. 굉장한 여행을 하지 않고도 얼마든지 창조주가 지으신 세계의 아름다움을 발견할 수 있듯이 하나님의 사랑을 깨닫는 데도 대단한 엑스터시가 필요한 게 아니다. 그저 잠잠히 기다리기만 하면 주님이 지진이나 폭풍, 번개 가운데 머무시는 게 아니라 등을 어루만져주시는 부드러운 바람결 속에 계심을 깨달을 수 있다.

_ 헨리 나우웬, 《제네시 일기》

성경은 사실적인 책이며 인간 현실의 어느 한 구석도 회피하려 하지 않는다. 역사를 주관하시는 하나님의 관점에서 모든 남성과 여성들의 삶과 생각, 개인사를 이야기한다. 이처럼 사실적인 속성을 늘 마음에 담아두는 게 좋다. 하나님은 평화롭고 조용한 곳뿐만 아니라 박해와 다툼, 분열과 갈등이 지배하는 자리에도 계신다. 실제로 주님은 장미꽃밭만을 약속하시지 않았다.

_ 헨리 나우웬, 《제네시 일기》

1974년 8월 29일

    가끔은 글쓰기가 그야말로 일거리가 된다. 지난 며칠 동안, '마음의 기도'에 관한 글을 어떻게 써야 할지 골머리를 썩였다. 사막 교부들의 기도 전통에 관한 책을 여러 권 읽고 전에 뽑아놓은 인용문들을 검토해보았지만 여전히 개운치가 않으며 글을 쓸 엄두를 낼 수가 없었다. 오늘은 무작정 시작하고 어떻게 되나 보기로 했다. 고작 두 문장을 썼을 뿐인데, 펜이 예상했던 것과는 정반대 방향으로 잡아 이끄는 것 같았다. 한 쪽 한 쪽 써내려가다 보니 그동안 사막 교부들에 집중하느라 쓰려는 글 전반에 더 잘 부합되는 중요한 사항들을 놓치고 있었던 게 아닌가 하는 생각이 들었다.

    아이디어와 어휘들이 술술 흘러나오는 게 그야말로 놀라웠다. 마치 항상 준비를 갖추고 있었지만 표현될 기회를 얻지 못했던 것 같았다.

    한편으로는 내게 글쓰기란 집중해서 온갖 생각과 감정들을 명쾌하게 정리하는 데 대단히 유용한 도구가 된다는 사실을 갈수록 깊이 깨달았다. 한 시간이고 두 시간이고 일단 펜을 잡고 종이 앞에 앉으면 진정한 평온과 조화가 밀려드는 걸 실감한다. 결국 자질구레한 일상사들을 처리할 마음이 들고 또 그럴 수 있게 된다. 글 한 줄 안 쓰고 그저 독서나 육체노동만으로 하루를 보내고 나면 전반적으로 정신적인 변비에 걸린 느낌이 든다. 잠자리에 들면서도 해치웠어야 할 일을 마치지 못했다는 무지근한 기분을 떨쳐버릴 수가 없다.

    이런 것들을 모두 의식하게 된 건 좋은 일이다. 지난 몇 년 동안 뉴헤이븐에서 지내면서 적잖이 불쾌한 느낌에 시달렸던 까닭을 어느 정도 이해할 수 있을 것 같다.

_ 헨리 나우웬, 《제네시 일기》

육체노동은 환상을 벗겨낸다. 내 벌거벗은 실체와 무기력함, 유한성, 연약함 따위에 직면하지 않기 위해 흥미롭고, 신나며, 정신을 쏙 빼놓을 만한 활동들을 끊임없이 찾아 헤매고 있음을 단적으로 드러내 보여준다. 따분한 단순작업은 무방비상태의 밑바닥을 공개해서 더 연약한 심령을 갖게 한다.

_ 헨리 나우웬, 《제네시 일기》

그대가 바로 하나님의 집입니다. 영성생활이란 하나님이 머무실 여지를 남겨두고 그분의 영광이 저절로 드러날 수 있는 공간을 확보하는 일 이상도 이하도 아닙니다. 묵상하면서 스스로 물으십시오. '하나님의 영광이 어디에 있는가? 내가 있는 곳에 주님의 영광이 머물러 있지 않다면, 그 밖에 어디서 찾을 수 있는가?'

_ 헨리 나우웬, 《제네시 일기》

내가 좋아하는 방식이 아니라 주님이 원하는 방법으로 묵상하는 법을 서서히 익혀나가야 한다. 어쩌면 주님이 어떤 분이신지 전혀 모르고 있는지도 모른다. … 그러나 주님의 방식으로 그분을 발견할 때, 걱정근심을 모두 내려놓고 고통이나 고난으로 끌려 들어가게 될 수도 있다는 두려움도 없이 온전히 복종하게 될 것이다.

_ 헨리 나우웬, 《제네시 일기》

누군가 "말씀이 참 좋았습니다", "가르침이 감사합니다", "보내주신 쪽지가 큰 도움이 되었습니다", "여기가 집처럼 편안합니다" 따위의 이야기를 해줄 때마다 속에서 생명이 솟구치고, 해는 더 밝아지며, 풀은 더 푸르러지고, 눈은 예전보다 더 하얘지는 걸 느낀다. 사소하고 때로는 하찮기까지 한 몸짓 하나가 마음을 그토록 바꿔놓을 수 있다는 건 참으로 신비로운 일이다.

_ 헨리 나우웬, 《제네시 일기》

대강절은 기본적으로 환희의 절기다. 사순절처럼 속죄의 기간이 아니다. 그러기에는 기대가 너무 크다. 무엇보다 중요한 건 기쁨이다.

_ 헨리 나우웬, 《제네시 일기》

> 대강절이 시작된 후로 이루 말할 수 없는 평안과 고요를 맛보았다. … 수많은 책을 읽겠다거나 새로운 자료와 아이디어를 수집하겠다는 욕구도 잠잠해졌다. 그래서 마음껏 기도하고, 성경말씀을 읽고, 조용하게 살아가는 데 집중할 수 있었다.
>
> _ 헨리 나우웬, 《제네시 일기》

마음의 가난이란 대체 어떤 경지를 말하는 것인가? 아직 그 자리에 서보지 않았으니 말하기 난감하다. 어쩌면 그것은 '숭고함'에 스쳐서 세상의 모든 것과 '하나'가 될 수 있는 마음이 아닐까? 마음이 가난하지 않으면 '하나'가 될 수 없다.

_ 김기석, 《삶이 메시지다》

교회 전통은 예수를 가리켜 육체를 입고 오신 말씀이라 고백한다. 이제는 우리 차례이다. 하나님의 말씀은 누군가의 몸을 필요로 한다.

_ 김기석, 《삶이 메시지다》

가끔 가위에 눌리듯 나를 통해 나갔으나 미처 삶으로 번역되지 못한 말들에 짓눌릴 때가 있다. 유창할지는 모르겠으나 사람들의 가슴 근처에도 가 닿지 못하고 추락해버리고 마는 말들의 운명을 생각할 때마다 차라리 입을 다물고 싶을 때가 많다. 어떤 때는 "당신은 말한 대로 사냐?"고 나무랄 것만 같아서 미리 '그러고 싶다'는 말로 방어막을 치기도 하지만, 몸의 언어를 익히지 못한 자의 추레함은 숨길 길이 없다.

_ 김기석, 《삶이 메시지다》

우리의 존재가 하나님으로 채워지지 않을 때, 그 무엇으로도 해결할 수 없는 그리움이 엄습한다.

_ 김기석, 《삶이 메시지다》

하나님에 대한 진정한 그리움을 품고 살다가 어두운 방에 비쳐드는 빛 띠처럼 시작도 끝도 없는 하나님의 숭고한 사랑에 눈뜬 사람은 이미 하늘나라에 속한 사람이다.

_ 김기석, 《삶이 메시지다》

우리 앞에 두 길이 있다. 무리로 살아가는 넓은 길과 제자로 살아가는 좁은 길이다.

_ 김기석, 《삶이 메시지다》

소금은 늘 같은 소금이지 경우에 따라 짠맛을 내지 않는다. 빛은 언제나 빛이지 사람을 가려 비추지 않는다.

_ 김기석, 《삶이 메시지다》

하나님의 사랑은 차별이 없다. 성 프란체스코는, "만일 하나님의 인자하심을 그리라고 한다면, 지우개를 들고 계신 하나님의 모습을 그릴 것"이라고 말했다. 모든 죄가 지워질 것이라고 말이다.

_ 김기석, 《삶이 메시지다》

사랑할 수 없는 사람을 사랑하려고 애쓰면서 우리는 새로운 존재로 비약한다.

_ 김기석, 《삶이 메시지다》

기도는 무뎌진 우리 영혼을 하나님의 마음이라는 숫돌에 벼리는 일이요, 무너진 우리 마음의 토대를 수리하는 일이다. 기도는 우리의 일상적인 삶을 영원에 비끄러매는 행위이다. 기도하지 않으면 평생 남의 장단에 춤추다 생을 마치게 된다. 그러므로 기도는 우리 생의 중추이다.

_ 김기석, 《삶이 메시지다》

정말 주님이 우리에게 주고 싶으신 것은 당신 자신이다. … 진실한 기도, 하나님과의 일치를 구하는 기도는 새로운 삶의 입구이다. 그 문을 열고 들어가면 이전과는 전혀 다른 생을 경험할 수 있다.

_ 김기석, 《삶이 메시지다》

신앙생활은 물러섬과 나아감의 통일이다. 물러섬이란 근본으로 돌이키는 것이다. 예수께서도 분주한 일상으로부터 벗어나 한적한 곳을 찾아가 하나님 앞에 엎드리셨다. 나아감이란 하나님의 뜻으로 조율된 마음을 가지고 삶의 자리로 돌아가는 것이다. 예수께서는 섬김과 나눔과 돌봄의 삶으로 그것을 나타내셨다.

_ 김기석, 《삶이 메시지다》

우리는 다시금 '보물을 하늘에 쌓으라'는 요청 앞에 서 있다. 어떻게 해야 할까? 정말로 필요한 사람들에게 주는 수밖에 없다.

_ 김기석, 《삶이 메시지다》

경건은 오늘을 가장 아름답게, 그리고 인간답게 살아가는 방식이다. 그리고 생이 다하는 날까지 향하여 달려갈 목표이기도 하다.

_ 김기석, 《삶이 메시지다》

돌아서라. 삶의 순서를 바꿔라. 먼저 구해야 할 것을 먼저 구하라. 이것이 잃어버렸던 삶의 중심을 찾는 길이다.

_ 김기석, 《삶이 메시지다》

사람이 가장 사람다울 때는 누군가를 돌보고 있을 때이다. 아기를 품에 안고 젖을 물린 어머니의 모습은 아름답다. 신음하는 환자의 손을 잡고 안타까워하는 가족들의 모습은 거룩하기까지 하다. 그 속에는 어떤 삿된 것도 없기 때문이다.

_ 김기석, 《삶이 메시지다》

숨이 막혀 버둥거리는 사람에게 '사랑하기 때문'이라고 말하는 것보다 더 악마적인 일이 또 있을까?

_ 김기석, 《삶이 메시지다》

인생이란 '오늘'이 모여서 이룬 흔적이자 실체이다. 세심하게 점을 찍어 형체를 만들어내는 점묘법 화가들처럼 우리는 오늘이라는 점 하나를 정성스럽게 찍어야 한다.

_ 김기석, 《삶이 메시지다》

모든 이름 위에 뛰어난 이름은 바로 '예수'라는 이름이다. 나는 그분의 이름으로 살라는 부르심을 받았다. 그 이름을 내 집이요, 거처요, 피난처요, 방주로 삼아야 한다. 저마다 태어나 자라고 늙어서 죽는 이야기를 풀어내는 시발점은 주님의 이름, 곧 우리를 너무나 사랑하셔서 독생자까지 세상에 보내신 하나님을 드러내는 이름이 되어야 한다.

_ 헨리 나우웬, 《데이브레이크로 가는 길》

진정 예수님은 짐스럽고 쓸모없는 인간 취급을 받는 장애인들의 상한 심령을 통해 말씀하신다. 하나님은 그이들을 선택하셔서 거룩한 임재를 널리 알릴 '가난한 자들'이 되게 하셨다.

_ 헨리 나우웬, 《데이브레이크로 가는 길》

"예수님, 사랑해요. 가끔 짜증이 날 때나… 음… 혼란스러울 때도 주님을 밀쳐내지 않습니다. 팔로, 다리로, 머리로, 마음으로 사랑합니다." 지적 장애인 대니의 기도였다. 기도하는 그이의 아름답고 온화한 얼굴을 지켜보았다. 사랑뿐만 아니라 깊은 괴로움도 가리거나 감추는 법이 없었다. 그런 기도에 어떻게 응답하지 않으실 수 있겠는가?

_ 헨리 나우웬, 《데이브레이크로 가는 길》

오늘밤에는 그저 예수님이 따뜻한 눈길로 바라보시며 가진 걸 다 버리고 따르라고 부르실 때 "예"라고 대답할 수 있게 되기를 기도해야겠다. 그 순간을 놓친다는 건 곧 예수님과 나를 슬프게 만들 뿐만 아니라 또 다른 면으로는 하나님의 구원사역에서 차지해야 할 자리를 밀쳐내는 짓이기도 하다.

_ 헨리 나우웬, 《데이브레이크로 가는 길》

"주님, 저를 보시고 또 저로 하여금 보게 해주세요."
_ 헨리 나우웬, 《데이브레이크로 가는 길》

> 내면을 새롭게 하는 데 쏟는 시간은 결코 소모가 아니다. 하나님은 서두르지 않으신다.
>
> _ 헨리 나우웬, 《데이브레이크로 가는 길》

무엇보다 먼저 신실해져야 한다. 마음과 뜻과 영혼을 다 쏟아서 하나님을 사랑하는 게 으뜸가는 계명이라고 믿는다면 하루에 적어도 한 시간 정도는 세상만사를 다 제쳐둔 채 주님과만 시간을 보낼 필요가 있다. 도움이 되는지, 유용한지, 실질적인지, 소용이 있는지 따지는 건 처음부터 끝까지 부적절한 짓이다. 사랑하는 이유는 사랑 그 자체기 때문이다. 나머지는 다 부차적인 문제일 따름이다.

_ 헨리 나우웬,《데이브레이크로 가는 길》

가장 뼈아픈 아픔은 더할 나위 없이 사소한 일 속에 숨어 있기 십상이다.

_ 헨리 나우웬, 《데이브레이크로 가는 길》

나를 너무도 사랑하신 나머지 독생자를 보내셔서 정죄가 아니라 구원을 베푸시는 하나님은 자녀들이 어둠 속에서 한정 없이 기다리도록 내버려두지 않으신다. 처음에는 한 시간 한 시간이 부질없이 흘려보내는 걸로 여겨질지 모르지만, 서른 시간, 예순 시간, 또는 아흔 시간을 그렇게 보내면서 차츰 생각처럼 혼자가 아니라는 사실을 알아차릴 수 있으며, 소란스러운 자리 너머에서 내게 말씀하는 세미하고 부드러운 음성을 듣게 될 것이다.

_ 헨리 나우웬, 《데이브레이크로 가는 길》

여덟 명이 꼬박 한 시간을 움직여 서 딴 사과는 고작 네 자루에 지나 지 않았다. 나 혼자 했어도 30분 이면 너끈히 해치울 일이었다. 하 지만 라르쉬가 첫 손에 꼽는 단어 는 '효율'이 아니라 '배려'다.

_ 헨리 나우웬, 《데이브레이크로 가는 길》

오늘은 편지를 쓰면서 기도하는데, 마치 친구들에게 둘러싸여 있는 것 같은 느낌이 들었다. 우리가 서로 나누는 사랑은 지극히 실제적이며 기운을 북돋운다. 편지들, 편지를 보낸 이들, 편지를 받게 된 이들을 주신 하나님께 감사드린다.

_ 헨리 나우웬, 《데이브레이크로 가는 길》

인간을 다른 피조물들과 구별 짓
는 요소는 생각하거나, 성찰하거
나, 계획하거나, 생산할 줄 아는 재
주라기보다 신뢰하는 능력이다.

_ 헨리 나우웬, 《데이브레이크로 가는 길》

예수님의 눈에 띄고 싶고, 보살펴 주시는 그 눈길 아래 머물고 싶고, 주님 보시기에 강하면서도 온화한 인물이 되고 싶은 생각이 하루하루 깊어집니다. 주님, 거룩한 눈으로 보시는 그것, 곧 하나님의 사랑과 인간의 고통을 저도 바라보게 해주셔서 갈수록 당신의 눈, 상처 입은 심령을 치유할 수 있는 눈길을 닮아가게 해주십시오.

_ 헨리 나우웬, 《데이브레이크로 가는 길》

현대인들이 겪는 고통 가운데 상당부분은 이런 애정결핍에서 비롯된다. 편안하게 깃들일 보금자리를 잃은 이들이 점점 더 늘어나고 있다. 거대도시 한구석의 쪽방에 숨어 외로이 살아간다. 일을 마치고 돌아와봐야 반기며 인사하고, 안아주고, "힘들었죠?"라고 물어줄 존재가 없다. 함께 울고, 더불어 웃으며, 어깨를 나란히 하고 걷고, 둘러앉아 밥 먹는 건 고사하고 그저 곁에 앉아 있어줄 상대도 없다.

_ 헨리 나우웬, 《데이브레이크로 가는 길》

하나님을 진정으로 사랑하고 그 거룩한 영광을 나눠 갖게 되면 관계에서 강박적인 특성들이 사라진다. 인정받기 위해서만이 아니라 예수님을 통해 알게 된 사랑에 끌어들이려는 뜻에서도 이웃들에게 손을 내민다. 우정은 곧 더 큰 사랑의 표현이 된다.

_ 헨리 나우웬, 《데이브레이크로 가는 길》

여전히 불안하고, 초조하며, 긴장하는 까닭을 더듬다가 하나님께 전부를 드리지 않고 있다는 생각이 떠올랐다. 시간에 관한 욕심이 유난한 것만 봐도 알 수 있다. 아이디어를 짜내고, 프로젝트를 완성하고, 꿈을 이뤄가는 데 필요한 시간을 확보하는 일이 내게는 아주 큰 관심사다. 자연히 삶은 하나님을 위한 부분과 나를 위한 영역으로 나뉜다. 이렇게 갈라져 있으니 평온할 턱이 없다.

_ 헨리 나우웬, 《데이브레이크로 가는 길》

예수님을 따르는 삶은 싸움을 벌여서 진정한 자유를 찾는 과정이다. 그건 십자가의 길이다. 진짜배기 자유는 오로지 죽음과 싸워 이긴 승리 가운데서만 발견할 수 있다. 예수님은 아버지께 온전히 순종해서 십자가를 지셨으며, 그 십자가를 통해 세상의 선두다툼에 휘말리지 않는 생명에 이르셨다.

_ 헨리 나우웬, 《데이브레이크로 가는 길》

"예수님은 '가난한 이들을 돕는 이들은 복이 있나니'라고 말씀하지 않으셨습니다. '가난한 이들은 복이 있다'고 하셨을 따름입니다. 주님은 가난해지는 길로 부르십니다. 가난한 이들을 섬기는 쪽보다 한결, 아니 훨씬 험한 길입니다."

_ 헨리 나우웬, 《데이브레이크로 가는 길》

괜찮은 인간이 된 것만 같은 느낌을 줄 힘이 전혀 없는 이들과 하나가 되어 눈에 띄지 않고, 변변찮고, 아무도 알아주지 않는 삶을 산다는 건 눈곱만큼도 매력적인 일이 아니다. 그게 가난으로 통하는 길이다. 탄탄대로는 아니지만 하나님의 길, 곧 십자가의 길이다.

_ 헨리 나우웬, 《데이브레이크로 가는 길》

"기도하는 법은 기도하는 것뿐이다. 기도를 잘하려면 많이 기도해야 한다"는 대목이 가장 마음에 든다. 채프먼의 견실한 지혜는 참으로 큰 도움이 되었다. 터무니없는 구석이 전혀 보이지 않는 대단히 진실한 조언이다. 핵심을 한마디로 정리하자면 이쯤 되지 않을까 싶다. "기분이 좋아지거나 보탬이 돼서가 아니라 하나님이 사랑을 베풀어주셨으며 또한 자녀들의 관심을 원하시므로 기도해야 한다."

_ 헨리 나우웬, 《데이브레이크로 가는 길》

주님, 오직 당신만이 베푸실 수 있
는 평안과 기쁨을 내게 주십시오.

_ 헨리 나우웬, 《데이브레이크로 가는 길》

나그네 길을 걷는 동안 늘 함께하신 예수님은 하나님의 마음이 내 가슴과는 비할 수 없이 크고 넓다는 사실을 끊임없이 일깨워주신다.

_ 헨리 나우웬, 《데이브레이크로 가는 길》

맥체인 성경읽기표

매일 4장씩, 1년에 구약을 1번, 신약을 2번 읽을 수 있도록 짜여 있습니다.

1월

1	창1	마1	스1	행1
2	2	2	2	2
3	3	3	3	3
4	4	4	4	4
5	5	5	5	5
6	6	6	6	6
7	7	7	7	7
8	8	8	8	8
9	9,10	9	9	9
10	11	10	10	10
11	12	11	느1	11
12	13	12	2	12
13	14	13	3	13
14	15	14	4	14
15	16	15	5	15
16	17	16	6	16
17	18	17	7	17
18	19	18	8	18
19	20	19	9	19
20	21	20	10	20
21	22	21	11	21
22	23	22	12	22
23	24	23	13	23
24	25	24	예1	24
25	26	25	2	25
26	27	26	3	26
27	28	27	4	27
28	29	28	5	28
29	30	막1	6	롬1
30	31	2	7	2
31	32	3	8	3

2월

1	창33	막4	에9,10	롬4
2	34	5	욥1	5
3	35,36	6	2	6
4	37	7	3	7
5	38	8	4	8
6	39	9	5	9
7	40	10	6	10
8	41	11	7	11
9	42	12	8	12
10	43	13	9	13
11	44	14	10	14
12	45	15	11	15
13	46	16	12	16
14	47	눅1:1-38	13	고전1
15	48	1:39-80	14	2
16	49	2	15	3
17	50	3	16,17	4
18	출1	4	18	5
19	2	5	19	6
20	3	6	20	7
21	4	7	21	8
22	5	8	22	9
23	6	9	23	10
24	7	10	24	11
25	8	11	25,26	12
26	9	12	27	13
27	10	13	28	14
28	11,12:1-21	14		15

3월

1	출12:22-51	눅15	욥30	고전16
2	13	16	31	고후1
3	14	17	32	2
4	15	18	33	3
5	16	19	34	4
6	17	20	35	5
7	18	21	36	6
8	19	22	37	7
9	20	23	38	8
10	21	24	39	9
11	22	요1	40	10
12	23	2	41	11
13	24	3	42	12
14	25	4	잠1	13
15	26	5	2	갈1
16	27	6	3	2
17	28	7	4	3
18	29	8	5	4
19	30	9	6	5
20	31	10	7	6
21	32	11	8	엡1
22	33	12	9	2
23	34	13	10	3
24	35	14	11	4
25	36	15	12	5
26	37	16	13	6
27	38	17	14	빌1
28	39	18	15	2
29	40	19	16	3
30	레1	20	17	4
31	2,3	21	18	골1

4월

1	레4	시1,2	잠19	골2
2	5	3,4	20	3
3	6	5,6	21	4
4	7	7,8	22	살전1
5	8	9	23	2
6	9	10	24	3
7	10	11,12	25	4
8	11,12	13,14	26	5
9	13	15,16	27	살후1
10	14	17	28	2
11	15	18	29	3
12	16	19	30	딤전1
13	17	20,21	31	2
14	18	22	전1	3
15	19	23,24	2	4
16	20	25	3	5
17	21	26,27	4	6
18	22	28,29	5	딤후1
19	23	30	6	2
20	24	31	7	3
21	25	32	8	4
22	26	33	9	딛1
23	27	34	10	2
24	민1	35	11	3
25	2	36	12	몬1
26	3	37	아1	히1
27	4	38	2	2
28	5	39	3	3
29	6	40,41	4	4
30	7	42,43	5	5

	5월					6월					7월					8월			
1	민8	시44	아6	히6	1	신5	시88	사33	계3	1	수3	시126-128	사63	마11	1	삿15	행19	렘28	막14
2	9	45	7	7	2	6	89	34	4	2	4	129-131	64	12	2	16	20	29	15
3	10	46, 47	8	8	3	7	90	35	5	3	5, 6:1-5	132-134	65	13	3	17	21	30, 31	16
4	11	48	사1	9	4	8	91	36	6	4	6:6-27	135, 136	66	14	4	18	22	32	시1,2
5	12, 13	49	2	10	5	9	92, 93	37	7	5	7	137, 138	렘1	15	5	19	23	33	3, 4
6	14	50	3, 4	11	6	10	94	38	8	6	8	139	2	16	6	20	24	34	5, 6
7	15	51	5	12	7	11	95, 96	39	9	7	9	140, 141	3	17	7	21	25	35	7, 8
8	16	52-54	6	13	8	12	97, 98	40	10	8	10	142, 143	4	18	8	롯1	26	36, 37	9
9	17, 18	55	7	약1	9	13, 14	99-101	41	11	9	11	144	5	19	9	2	27	38	10
10	19	56, 57	8, 9:1-7	2	10	15	102	42	12	10	12, 13	145	6	20	10	3, 4	28	39	11, 12
11	20	58, 59	9:8-10:4	3	11	16	103	43	13	11	14, 15	146, 147	7	21	11	삼상1	롬1	40	13, 14
12	21	60, 61	10:5-34	4	12	17	104	44	14	12	16, 17	148	8	22	12	2	2	41	15, 16
13	22	62, 63	11, 12	5	13	18	105	45	15	13	18, 19	149, 150	9	23	13	3	3	42	17
14	23	64, 65	13	벧전1	14	19	106	46	16	14	20, 21	행1	10	24	14	4	4	43	18
15	24	66, 67	14	2	15	20	107	47	17	15	22	2	11	25	15	5, 6	5	44	19
16	25	68	15	3	16	21	108, 109	48	18	16	23	3	12	26	16	7, 8	6	45	20, 21
17	26	69	16	4	17	22	110, 111	49	19	17	24	4	13	27	17	9	7	46	22
18	27	70, 71	17, 18	5	18	23	112, 113	50	20	18	삿1	5	14	28	18	10	8	47	23, 24
19	28	72	19, 20	벧후1	19	24	114, 115	51	21	19	2	6	15	막1	19	11	9	48	25
20	29	73	21	2	20	25	116	52	22	20	3	7	16	2	20	12	10	49	26, 27
21	30	74	22	3	21	26	117, 118	53	마1	21	4	8	17	3	21	13	11	50	28, 29
22	31	75, 76	23	요일1	22	27, 28:1-19	119:1-24	54	2	22	5	9	18	4	22	14	12	51	30
23	32	77	24	2	23	28:20-68	119:25-48	55	3	23	6	10	19	5	23	15	13	52	31
24	33	78:1-37	25	3	24	29	119:49-72	56	4	24	7	11	20	6	24	16	14	애1	32
25	34	78:38-72	26	4	25	30	119:73-96	57	5	25	8	12	21	7	25	17	15	2	33
26	35	79	27	5	26	31	119:97-120	58	6	26	9	13	22	8	26	18	16	3	34
27	36	80	28	요이1	27	32	119:121-144	59	7	27	10, 11:1-11	14	23	9	27	19	고전1	4	35
28	신1	81, 82	29	요삼1	28	33, 34	119:145-176	60	8	28	11:12-40	15	24	10	28	20	2	5	36
29	2	83, 84	30	유1	29	수1	120-122	61	9	29	12	16	25	11	29	21, 22	3	겔1	37
30	3	85	31	계1	30	2	123-125	62	10	30	13	17	26	12	30	23	4	2	38
31	4	86, 87	32	2						31	14	18	27	13	31	24	5	3	39

9월

일				
1	삼상25	고전6	겔2	시40,41
2	26	7	5	42,43
3	27	8	6	44
4	28	9	7	45
5	29,30	10	8	46,47
6	31	11	9	48
7	삼하1	12	10	49
8	2	13	11	50
9	3	14	12	51
10	4,5	15	13	52-54
11	6	16	14	55
12	7	고후1	15	56,57
13	8,9	2	16	58,59
14	10	3	17	60,61
15	11	4	18	62,63
16	12	5	19	64,65
17	13	6	20	66,67
18	14	7	21	68
19	15	8	22	69
20	16	9	23	70,71
21	17	10	24	72
22	18	11	25	73
23	19	12	26	74
24	20	13	27	75,76
25	21	갈1	28	77
26	22	2	29	78:1-37
27	23	3	30	78:38-72
28	24	4	31	79
29	왕상1	5	32	80
30	2	6	33	81,82

10월

일				
1	왕상3	엡1	겔34	시83,84
2	4,5	2	35	85
3	6	3	36	86
4	7	4	37	87,88
5	8	5	38	89
6	9	6	39	90
7	10	빌1	40	91
8	11	2	41	92,93
9	12	3	42	94
10	13	4	43	95,96
11	14	골1	44	97,98
12	15	2	45	99-101
13	16	3	46	102
14	17	4	47	103
15	18	살전1	48	104
16	19	2	단1	105
17	20	3	2	106
18	21	4	3	107
19	22	5	4	108,109
20	왕하1	살후1	5	110,111
21	2	2	6	112,113
22	3	3	7	114,115
23	4	딤전1	8	116
24	5	2	9	117,118
25	6	3	10	119:1-24
26	7	4	11	119:25-48
27	8	5	12	119:49-72
28	9	6	호1	119:73-96
29	10	딤후1	2	119:97-120
30	11,12	2	3,4	119:121-144
31	13	3	5,6	119:145-176

11월

일				
1	왕하14	딤후4	호7	시120-122
2	15	딛1	8	123-125
3	16	2	9	126-128
4	17	3	10	129-131
5	18	몬1	11	132-134
6	19	히1	12	135,136
7	20	2	13	137,138
8	21	3	14	139
9	22	4	욜1	140,141
10	23	5	2	142,143
11	24	6	3	144
12	25	7	암1	145
13	대상1,2	8	2	146,147
14	3,4	9	3	148
15	5,6	10	4	149,150
16	7,8	11	5	눅1:1-38
17	9,10	12	6	1:39-80
18	11,12	13	7	2
19	13,14	약1	8	3
20	15	2	9	4
21	16	3	옵1	5
22	17	4	욘1	6
23	18	5	2	7
24	19,20	벧전1	3	8
25	21	2	4	9
26	22	3	미1	10
27	23	4	2	11
28	24,25	5	3	12
29	26,27	벧후1	4	13
30	28	2	5	14

12월

일				
1	대상29	벧후3	미6	눅15
2	대하1	요일1	7	16
3	2	2	나1	17
4	3,4	3	2	18
5	5,6:1-11	4	3	19
6	6:12-42	5	합1	20
7	7	요이1	2	21
8	8	요삼1	3	22
9	9	유1	습1	23
10	10	계1	2	24
11	11,12	2	3	요1
12	13	3	학1	2
13	14,15	4	2	3
14	16	5	슥1	4
15	17	6	2	5
16	18	7	3	6
17	19,20	8	4	7
18	21	9	5	8
19	22,23	10	6	9
20	24	11	7	10
21	25	12	8	11
22	26	13	9	12
23	27,28	14	10	13
24	29	15	11	14
25	30	16	12-13:1	15
26	31	17	13:2-9	16
27	32	18	14	17
28	33	19	말1	18
29	34	20	2	19
30	35	21	3	20
31	36	22	4	21

주님을 나에게 주소서. 그리하면 만족할 것입니다.

_ 토마스 아 켐피스, 《그리스도를 본받아》에서